Pilgrim Paige of Mallard Alley
und
Ute Izykowski

Liebe Tante Ivy ...

Pilgrim Paige of Mallard Alley
und
Ute Izykowski

Liebe Tante Ivy ...

Deine Paige 🐾

Januar 2021
© Ute Izykowski
Alle Rechte vorbehalten.
Weiterverwertung jeglicher Art bedarf der Zustimmung der Autorin.

Gestaltung: Ute und Ronald Izykowski
Herstellung und Verlag: BoD - Books on Demand, Norderstedt
ISBN 9783752659498

Vorwort

Meine liebe Ivy, mein großes Mädchen, dass du so schnell sterben würdest, damit hatte ich nicht gerechnet.

Morgens waren wir beim Tierarzt, fuhren dann gleich weiter in die Tierklinik. Diagnose: gerissener Milztumor. Ich musste sofort entscheiden: Einschläfern oder operieren. Natürlich entschloss ich, dich operieren zu lassen, denn das war eine Chance für dich. Ich glaubte fest daran, dass alles gut gehen würde. Ich habe mich vor der OP von dir nur ganz kurz verabschiedet. Ich war so sicher, dass ich dich in ein paar Stunden nach Hause holen könnte. Das war dann auch so. Aber anders als gedacht. Die erste Nachricht aus der Tierklinik war erfreulich. Die Operation war vorbei und dir ginge es gut. Kurz darauf der nächste Anruf aus der Klinik. Du wurdest nicht wach. Ob sie dich reanimieren sollen? Natürlich sollten sie reanimieren!

Am Ende der letzte Anruf aus der Tierklinik: Du hast es nicht geschafft. Herrchen und ich holten dich dann später ab. Du warst in ein Tuch gewickelt und wurdest auf einem Rollwagen zum Auto gefahren. Die Leute aus der Tierklinik waren sehr mitfühlend und respektvoll. Aber wir, Frauchen und Herrchen, weinten um dich und brachten dich nach Hause. Dort wartete deine Paige, die gar nicht verstand, was passiert war, und die nun ohne dich ihren Weg finden muss. Sie schrieb Briefe, um das erste Jahr ohne dich zu überstehen. Ich hoffe, du hast sie gelesen, wo auch immer du jetzt sein magst.

Dein Frauchen

Spielberg, 2. Mai 2019

Liebe Tante Ivy,

heute steht die Welt für uns still. Du bist gestorben.
Ohne Vorwarnung.
Einfach so.

Seit ein paar Tagen warst du etwas kränklich. In deinem Alter nicht überraschend. Dachten alle hier. Frauchen war mit dir beim Tierarzt. Abgesehen von altersbedingter Arthrose schien alles in Ordnung zu sein, so auf den ersten Blick. Die Blutuntersuchung allerdings, deren Ergebnis vorgestern Abend kam, besagte, dass du Blutarmut hattest. Weil gestern Feiertag war, solltest du erst heute zum Tierarzt. Oder, wenn es dir schlechter gehen sollte, sofort in die Tierklinik.
Gestern ging es dir sehr gut. Wir alle waren beruhigt und dachten, es wäre bestimmt nichts Ernstes.

Heute morgen wolltest du nicht aufstehen und konntest nur ganz unsicher laufen. Frauchen war in großer Sorge. Sie fuhr mit dir zum Tierarzt. Ich wartete zuhause. Es dauerte sehr lange, bis Frauchen zurück kam. Alleine. Sie war sehr nervös. Der Tierarzt hatte dich in die Tierklinik geschickt. Dort hatte Frauchen die Wahl. Operieren oder erlösen. Du wolltest leben und nicht erlöst werden.
„Ivy wird gerade operiert", erzählte Frauchen und drückte mich ganz fest.
„Alles wird gut", meinte sie, „wir müssen nur warten."

Am späten Nachmittag kam der lang ersehnte Anruf aus der Tierklinik. Du hast die Operation geschafft! Frauchen war so erleichtert! Kurze Zeit später rief die Tierklinik wieder an. Du wurdest nicht wach. Sie wollten wissen, ob sie reanimieren sollten. Frauchen sagte, sie sollen alles tun, was sie können, damit du lebst. Ein paar Minuten später erhielt Frauchen die Nachricht, dass du tot bist.
Seitdem ist hier nichts mehr so, wie es war.

Liebe Tante Ivy, ich konnte mich nicht einmal von dir verabschieden. Niemand hier konnte das.
Daher schreibe ich dir ab heute meine Gedanken auf und hoffe, sie erreichen dich, wo immer du jetzt auch sein magst.

Deine Paige 🐾

← Erinnerungen ⚙

 Ute Izykowski ⋯
Am 4. Mai 2019 um 00:58 • 🌐

Tag 1 ohne Ivy. Nichts ist mehr so wie es war.

😢👍❤ 104   28 Kommentare

||| ◯ ‹

Spielberg, 9. Mai 2019

Liebe Tante Ivy!

Eine Woche ohne dich! Du fehlst mir so!

Frauchen und Herrchen trauern sehr. Sie weinen oft. Herrchen vermisst dich, sein Mädchen, ohne Ende, und Frauchen trauert um ihren „Wichtel", wie sie dich genannt hat, seit du ein Welpe warst. Den Namen behieltest du bis ins hohe Alter.

Tante Ivy, ich weiß, du wolltest noch nicht gehen. Dieser Tumor, den niemand bemerkt hat, bevor er geplatzt ist, und der dir so rasend schnell die Energie aussaugte, bevor operiert werden konnte, und du zu schwach warst, um wieder aufzuwachen. Frauchen macht sich so große Vorwürfe, alles nicht früher erkannt zu haben. Hätte sie aber gar nicht können. Niemand hätte das können. Sie war ja sofort beim Tierarzt, als sie merkte, dass irgendetwas nicht stimmte mit dir.

Liebe Tante Ivy, momentan weiß ich nicht, wie ich Frauchen trösten soll. Sie sagt, sie war sich absolut sicher, dass du die Operation schaffst. Die Ultraschalluntersuchung sagte klar: geplatzter Milztumor. Es gab zwei Möglichkeiten. Die Chance einer Operation oder dich einzuschläfern. Frauchen mag den Begriff „erlösen" nicht in diesem Zusammenhang. Du wolltest leben, nicht erlöst werden. Und so entschied sich Frauchen für die Operation.

Sie hat sich von dir verabschiedet, so, als würde sie dich bald wieder sehen. Tante Ivy, du hast die Operation überstanden. Aber dieser doofe geplatzte Milztumor hatte soviel Blut verbraucht, dass du zu schwach warst um wieder aufzuwachen. Die Tierärzte kämpften um dein Leben. Aber sie verloren den Kampf. Als Frauchen und Herrchen dich wieder sahen, warst du tot und in eine Decke gehüllt. Sie brachten dich nach Hause. Dort ruhte dein toter Körper im Gästebad unten, bis sie dich begraben haben am nächsten Tag. Frauchen saß stundenlang neben dir. Sie streichelte dich und roch an deinem Fell. Wie es sich anfühlt, dich zu berühren, das Gefühl deines Körpers, wenn wir zusammen kuschelten. Der Geruch deines Fells. All das, so sagte Frauchen, würde sie bald vergessen haben. Das machte sie so unglaublich traurig. Berührungen und Gerüche verblassen in der Erinnerung. Was bleibt, sind Geschichten und Bilder. Die werden wir bewahren.

Damit bist du immer bei uns, liebe Tante Ivy.

Herrchen hat am nächsten Tag im Garten ein Loch gegraben, direkt neben Kiras Grab. Er wollte nicht, dass du gehst und er wollte dich noch nicht jetzt begraben. Herrchen weinte, während er dein Grab aushob. Dich in dieses Grab zu legen, war für uns alle so unwirklich und so unglaublich traurig. Du bekamst einen unserer geliebten Plüschbälle dazu und etwas Wegzehrung, weil du immer Angst hattest, nicht genügend Futter zu bekommen. Dein Grab über dir zuzuschaufeln, war für Herrchen unsagbar schwer. Er weinte sehr, aber er hat es geschafft und du hast ein schönes Grab neben Kira, deiner alten Freundin, die ich leider nie kennen lernen durfte.

Liebe Tante Ivy! Ich vermisse dich und ich weiß nicht, was ich ohne dich tun soll! Auch unsere Menschen vermissen dich so sehr!

R.I.P. Tante Ivy. Ich hab dich lieb!

Deine Paige

Spielberg, 15.Mai 2019

Liebe Tante Ivy,

Zwei Wochen ohne dich und du fehlst uns.
Heute war ein sehr schwieriger Tag.

Kleines Frauchen hatte Konfirmation. Das war ein wichtiges Ereignis in ihrem Leben, auf das sie sich ein Jahr lang vorbereitet hat. Frauchen und Herrchen hatten schon lange vorher ein Fest organisiert und viele Leute eingeladen. Nun aber schwebte eine dunkle Wolke über diesem Tag. Und nicht nur eine. Klein Frauchens Patentante und Frauchens Freundin Karin ist vor einem halben Jahr gestorben und hinterlässt eine große Lücke. Sie hatte sich so auf die Konfirmation gefreut! Und im Januar ist Oma, also die Mama von Frauchen gestorben. Sie wäre so gerne dabei gewesen! Und nun fehlst auch noch du. Unsere Menschen wussten erst nicht, ob sie diesen Tag überhaupt aushalten konnten. Aber sie erlebten eine Überraschung. Es kamen so viele liebe Menschen, und es war ein unglaublich schönes Fest, das uns kurz aufatmen und an das Gute und die Zukunft glauben ließ.

Ich durfte Mittags mit ins Restaurant, damit ich nicht alleine zuhause war, an so einem wichtigen Tag. Es war sogar ein Hundegast eingeladen! Ich freute mich so! Schade, dass du dieses Fest nicht mehr miterlebt hast. Es hätte dir gefallen.

Liebe Tante Ivy, ich vermisse dich so sehr.

Deine Paige 🐾

Spielberg, 17.Juni 2019

Liebe Tante Ivy,

Sechs Wochen ohne dich. Wir vermissen dich unendlich. Doch es geht uns besser. Nicht gut. Aber besser. Wir wissen, dass du uns auch verlassen hättest, wenn du nach dieser Operation wieder aufge-wacht wärst. Wir wissen, dass der Krebs deinen Körper zerstört hat. Aber das macht es nicht einfacher. Kein bisschen. Wir hätten alles gegeben für jeden weiteren Tag mit dir. Frauchen fragt sich, ob sie früher hätte erkennen müssen, wie krank du warst. Du warst etwas kurzatmig in letzter Zeit. Sie hat es auf dein Alter geschoben. Auch der Tierarzt hat nichts gemerkt. Du warst beim Impfen. Du warst wegen deiner Arthrose dort. Niemandem ist etwas aufgefallen, was nicht altersgemäß gewesen wäre. Ich frage mich oft, was gewesen wäre, wenn sie deinen Tumor früher bemerkt hätten? Hätte es dein Leben gerettet? Oder hätte es dein Sterben verlängert? Weil alle traurig und besorgt gewesen wären und alles medizinisch Mögliche ver-sucht hätten? Immerhin ging es dir und uns bis auf einige Stunden vor deinem Tod noch ziemlich gut. Frauchen hat ja sogar ganz fest geglaubt, dass sie dich nach der Operation wieder sieht. Lebend. Frau-chen hadert noch immer sehr mit sich selbst. Aber im Grunde weiß sie, dass der Krebs gewonnen hätte, selbst wenn man ihn etwas früher entdeckt hätte.

Liebe Tante Ivy, du fehlst uns.

Deine Paige 🐾

Spielberg, 25.Juni 2019

Liebe Tante Ivy,

ich versuche, hier alles in deinem Sinne zu regeln. Ich liege auf deinen Lieblingsplätzen und habe aufgehört, dauernd wie ein alberner Junghund herum zu blödeln.

Frauchen und Herrchen haben nach deinem Tod nichts verändert. Nein, das stimmt nicht ganz. Unser großer Hundekorb hinter der Couch steht jetzt an der Wand, wo früher die kleine Hundematte lag. Herrchen hat den Anblick des Korbes an vertrauter Stelle ohne dich darin nicht ertragen. Weil ich es aber doof fand, nicht mehr hinter der Couch liegen zu können, habe ich mich demonstrativ dort auf die Fliesen gelegt. Nun liegt an dieser Stelle die Hundematte. Ich habe deinen Futternapf im Metallgestell übernommen und trage deine Geschirre und Halsbänder weiter. Frauchen hat nichts davon weg getan. Aktuell bin ich stolze Besitzerin von vier Bademänteln! Krass, oder? Deinen Anhänger mit Namen und Telefonnummer hat Frauchen nun bei sich am Schlüsselbund befestigt. Neben dem von Kira. Das tröstet sie anscheinend.

Mach dir keine Sorgen um mich, liebe Tante Ivy. Du hast mir beigebracht, dass man sein Ding machen muss und sich selber treu bleiben soll. Das ist Familientradition, hast du gesagt. Du hast mir von deiner Mama Carli erzählt, die echt cool drauf war. Auch meine Mama Harley war eine starke Persönlichkeit! Uns Mallard Alleys bringt so schnell nichts außer Fassung! Keine Sorge, Tante Ivy! Ich schaffe das!

Auch Frauchen weiß, dass das Leben ohne dich weitergehen muss! Sie ist noch immer so unglaublich traurig, aber sie weiß auch, dass wir alle nach vorne schauen müssen und positive Gedanken brauchen. Unsere Menschen denken darüber nach, wieder einen Hund aufzunehmen. Ich persönlich hätte gerne ein Hundebaby, dem ich alles beibringen würde, was ich kann. Liebe Tante Ivy, ich weiß, dies wäre in deinem Sinne. Ich hoffe, die Menschen sehen das auch so.

Liebe Tante Ivy, mach dir keine Sorgen, ich schaffe das.

Deine Paige 🐾

Spielberg, 2. Juli 2019

Liebe Tante Ivy,

acht Wochen ohne dich. Frauchen und Herrchen unternehmen gerade
richtig viel mit mir, damit ich nicht alleine zuhause bin. Ich darf überall mit hin. Auf den Sportplatz, als Herrchen ein Turnier hatte, mit
zum Einkaufen, wobei ich vor allem gerne in den Hundefutterladen
gehe. Ich durfte mit auf ein Grillfest, und mit ins Restaurant. Früher
sind wir beide auch mal gechillt zuhause geblieben. Aber nun wollen
Herrchen und Frauchen mich nicht alleine lassen. Dabei bin ich gar
nicht alleine. Schließlich gibt es noch den Opa, der mir gerne Gesell-
schaft leistet. Er ist ja ebenso alleine, weil drei Monate vor deinem Tod
die Oma gestorben ist. Frauchen sagt, dass sie oft traurig ist deswegen. Schließlich war das ihre Mama. Wenn die nicht mehr da ist, bleibt
eine Lücke. Und wieder drei Monate vorher ist Frauchens beste Freundin gestorben. Und dann warst du an der Reihe. Frauchen kommt klar,
da bin ich sicher. Irgendwann. Aber momentan ist es schwer. Frauchen hat so große Angst, dass mir etwas passieren könnte. Sie passt
höllisch auf mich auf und sie hat mich beim Tierarzt komplett durch-
checken lassen. Blut abnehmen fand ich doof. Aber ich habe mir nichts
anmerken lassen. Frauchen hat sogar eine Krankenversicherung für
mich abgeschlossen. Und in einem halben Jahr soll ich wieder zur Blutabnahme. Vorsorglich! Ich finde, Frauchen übertreibt. Was meinst du?

Liebe Tante Ivy, ich hab dich lieb und ich vermisse dich.

Deine Paige 🐾

Spielberg, Juli 2019

Liebe Tante Ivy,

Frauchen hadert nach wie vor, ob sie alles richtig gemacht hat.
Sie macht sich noch immer Vorwürfe, nicht einen Tag früher in die Tierklinik gefahren zu sein.

Dienstag Abend kam dein Blutergebnis. Blutarmut. Wenn es dir schlecht gehen sollte, müsste man dich in die Tierklinik bringen, so unser Tierarzt am Telefon. Mittwoch war 1.Mai und Feiertag und es ging dir gut, so dass unsere Menschen zuversichtlich waren und wie geplant erst Donnerstag zum Tierarzt wollten.

Frauchen erzählte mir nun aber im Vertrauen, dass sie ganz tief im Inneren an diesem Mittwoch ahnte, dass du schwer krank warst. Und dass vor allem du das wusstest. Nur wirklich wahrhaben konnte sie das zu diesem Zeitpunkt nicht. Du solltest, so der Tierarzt, geschont werden und ruhen. Doch morgens bist du gut gelaunt und voller Energie aufgestanden und wolltest spazieren gehen. Frauchen plante nur die Wiese gegenüber ein, weil du dich ja nicht anstrengen solltest. Du hattest weder Halsband noch Leine dabei, auch Frauchen hatte nur Hausklamotten und Schlappen an. Doch du, so erzählt Frauchen, marschiertest ganz bestimmt und energisch unsere kleine Runde, die wir gewöhnlich mittags gehen. Die Nussbaumwiese hoch, dann den unteren Weinbergweg bis zur Bank, anschließend den Pfad unter den Bäumen vorbei, über die Wiese, wo immer die vielen Zecken sind, oberhalb des Wohngebiets vorbei, zurück nach Hause. Frauchen lies dich gewähren und folgte dir. Sie hatte den Eindruck, dass dir dieser Spaziergang außerordentlich wichtig war. Vielleicht weil es euer letztes Gassi war? Und du es wusstest? Stimmt es, Tante Ivy? Wusstest du, dass dir nicht mehr viel Zeit bleibt? Der Krebs hätte dich getötet, egal was die Menschen noch versucht hätten? Du wusstest das, oder?
Ich hoffe, dass Frauchen bald mit sich ins Reine kommt.

Liebe Tante Ivy, du fehlst mir.

Deine Paige 🐾

Spielberg, Juli 2019

Liebe Tante Ivy,

ich muss dir unbedingt erzählen, wo wir vor kurzem waren.

Wir haben Bettina und Ed besucht. Ich wusste erst nicht, was wir vorhatten, aber als ich aus dem Auto hüpfte, erkannte ich es sofort! Wir waren dort, wo wir beide geboren sind. Bei den Mallard Alleys in Leingarten. Ich freute mich so und war gleichzeitig sehr aufgeregt! Du erinnerst dich bestimmt, man muss eine Treppe hinauf laufen, um zur Eingangstür zu gelangen. Das kleine Frauchen ging schon mal gut gelaunt vor und klingelte. Sofort ertönten Hundestimmen, die fröhlich bellten. Wahrscheinlich freuten sie sich auf unseren Besuch.

Die Tür wurde geöffnet, und noch bevor ich einen Menschen sah, kamen die Hundemädels die Treppe herunter gelaufen. Hazel, deine große Schwester, rührte Frauchen und Herrchen zu Tränen. Sie kannten Hazel ja von früher, aber sie hatten komplett nicht auf dem Schirm, dass Hazel, so wie du, gealtert ist. Sie sieht tatsächlich genauso aus wie du! Frauchen und Herrchen mussten sich erst wieder sammeln, bevor sie den Rest der Bande und natürlich auch Bettina und Ed begrüßen konnten.

An Tante Jayne habe ich mich auch erinnert. Ich war ein dummer Welpe damals. Sina und Sabi kannte ich noch nicht. Sind aber sehr sympathisch. Ganz besonders Sina. Sabi ist so ein hibbeliger Junghund und wollte dauernd mit mir spielen. War mir echt zu viel, vor allem, weil ich Frauchen nicht aus den Augen lassen konnte. Das ist gerade so ein Problem bei mir. Ich muss echt gut auf Frauchen aufpassen. Frauchen meint zwar, dass ich nicht ohne sie klar komme, aber das stimmt so nicht. Ich denke, dass Frauchen ohne mich nicht klar kommt, vor allem jetzt, wo du nicht mehr da bist um sie zu unterstützen.

Deswegen bleibe ich immer in ihrer Nähe.

Mit einem Ohr habe ich nun gehört, dass wir vielleicht irgendwann einen Welpen haben könnten. Zumindest Frauchen hörte sich so an, als ob sie das gut finden würde. Ich habe darüber nach gedacht, und ich würde mich riesig über ein Hundebaby freuen. Ich würde ihm alles beibringen, was ich kann. So wie du es bei mir getan hast. Allerdings habe ich ein bisschen Sorge, dass Frauchen dann nicht mehr so viel Zeit für mich haben würde. Was meinst du, Tante Ivy? Ja, ich weiß, dass auch ich als Welpe zu dir kam und Frauchen dich trotzdem so sehr geliebt hat. Und ich weiß auch, dass sie mich liebt.

Liebe Tante Ivy, danke, dass du immer für mich da warst. Ich habe dich unendlich lieb.

Deine Paige

Spielberg, August 2019

Liebe Tante Ivy,

nun ist es drei Monate her, seit du uns verlassen hast. Wir sortieren uns neu. Frauchen geht mit mir morgens gerade sehr lange spazieren. Wir stromern durch den Wald, finden neue Wege. Manchmal setzen wir uns auch einfach nur irgendwohin, wo es schön ist und denken nach. Frauchen sagt, das braucht sie gerade und es tröstet sie. Ich finde es toll, denn ich bin gerne mit Frauchen unterwegs. Du fehlst ihr noch immer so sehr und sie ist oft traurig. Ich passe aber gut auf sie auf. Mach dir keine Sorgen.

Wenn wir fremde Hunde treffen, bin ich manchmal sehr unsicher. Früher hast du gesagt, was zu tun ist. Freund oder Feind. Oder einfach mal pöbeln. So zum Spaß und weil wir zu zweit waren. Ich habe oft gar nicht verstanden, warum wir etwas getan haben. Wir haben es getan, weil du es wolltest und weil wir es konnten. Nun muss ich alles alleine entscheiden. Ich selbst möchte eigentlich mit niemandem Ärger haben. Aber ich finde es schwierig, den richtigen Ton zu treffen. Oft bin ich zu stürmisch und zu impulsiv, ohne dich. Frauchen sagt dann, dass ich auf dicke Hose mache und angebe. Doch ich lerne dazu. Gute Freunde helfen mir dabei.
Liebe Tante Ivy, ich schaffe alles in deinem Sinn! Hab dich lieb!

Deine Paige 🐾

#Rocky, Boci und ich
#bestefreunde

Fanø, August 2019

Liebe Tante Ivy,

ich bin mit unseren Menschen auf Fanø, der Insel, die du so geliebt hast. Wir sind oft am Strand und ich bin viel im Wasser. Ich vermisse dich noch immer und den Menschen geht es ebenso. Frauchen hat gesagt, dass sie manchmal, wenn sie in meine Richtung schaut, das Gefühl hat, zwei Hunde zu sehen, so wie sie es immer gewohnt war. Ihre Erinnerung spielt ihr einen Streich, sagt Frauchen. Aber wer weiß das schon. Vielleicht bist du ja wirklich manchmal einen kurzen Moment bei uns?

Unser erster Urlaub ohne dich. Das war so nicht geplant. Frauchen hatte extra ein Haus für zwei Hunde gebucht! Du erinnerst dich sicher an das Haus mit dem Wintergarten, in dem wir schon öfter waren? Mit der weißen Bank davor und der Terrasse, auf der wir uns immer sonnten? Dort wohnen wir auch diesmal. Morgens gehe ich mit Frauchen an den Strand joggen. Herrchen ist in dieser Zeit immer mit dir spazieren gegangen. Das geht ja nun nicht mehr. Ich weiß, dass er dich vermisst und oft an dich denkt. Nun bleibt er zuhause und macht Frühstück.

Wir suchen Bernsteine am Strand, baden oder chillen, weil es dieses Jahr extrem heiß ist. Ich tobe oft mit dem kleinen Frauchen im Meer.

Mittlerweile darf ich alleine mit ihr spazieren gehen!

Das war eigentlich immer deine Aufgabe, weil ich angeblich zu wild und zu stürmisch war.

Tante Ivy, nachdem du nicht mehr da bist, versuche ich mich ganz vorbildlich zu verhalten. So gut ich das eben kann.

Natürlich waren wir auch im Hundewald. Da wurden die Menschen wieder sehr emotional. So viele schöne Erinnerungen! An dich, Ivy, aber auch an Kira, die diesen Wald ebenfalls geliebt hat. Frauchen erzählte mir die Geschichte, als du, Tante Ivy, als Junghund einmal im Hundewald verschwunden warst. Weil du getrödelt und den Anschluss verloren hattest. Die Menschen suchten dich verzweifelt! Angeblich warst du sogar kurz aus dem Hundewald draußen, weil jemand das Tor geöffnet hatte! Aber am Ende ist alles gut gegangen und ihr wart wieder zusammen.

Liebe Tante Ivy, wir haben einen wundervollen Urlaub voller Erinnerungen und die Menschen reden oft über dich und ich weiß dass auch sie dich sehr vermissen.

Deine Paige 🐾

VOR 4 JAHREN

Alles schräg?

September, Fanø 2019

Liebe Tante Ivy,

letzter Urlaubstag auf Fanø.
Ich glaube, du grüßt gerade aus dem Regenbogenland.

Ich hatte auch dieses Jahr so viel Spaß am Strand und im Hundewald. Aber ohne dich, Tante Ivy, war dieser Urlaub oft sehr ungewohnt. Ich musste meine eigenen Spuren suchen und ohne dich schwimmen gehen. Du fehlst mir so sehr. Aber ich komme klar. Etwas anderes hättest du nicht gewollt.
Deswegen schickst du ja diesen Regenbogen.
Das glaub ich ganz fest.

Liebe Tante Ivy, wir haben dich für immer lieb.

Deine Paige 🐾

Spielberg, September 2019

Liebe Tante Ivy,

erinnerst du dich an all die Rituale, die du gepflegt hast?

Zum Beispiel dieser magische Keksstein am oberen Weinbergweg, dessen Bedeutung ich nie kapiert habe? Immer wenn wir dort anhielten, lag dort ein Keks für jeden von uns. Ich vermute, dass Frauchen den dort hingelegt hat, ohne dass wir es bemerkten, aber sicher weiß ich es nicht. Nachdem du nicht mehr da bist, liegen immer noch zwei Kekse auf dem Keksstein. Die sind jetzt nur für mich. Und endlich hat Frauchen mir die Bedeutung dieses Rituals erzählt. Als du klein warst, lag einmal an dieser Stelle ein Baumstamm am Wegesrand und du hattest Angst, daran vorbei zu gehen. Bis du merktest, dass auf dem Stamm jedes mal ein Keks lag. Deine Angst war verschwunden, aber leider irgendwann auch der Baumstamm. Frauchen erzählte, dass du sehr traurig warst deswegen. Glücklicherweise lag an der gleichen Stelle ein flacher Stein, auf dem ebenfalls ein Keks zu finden war. Der magische Keksstein! Und den gibt es noch immer.

Erinnerst du dich, wie du jeden Abend auf unser Nach-dem-Abendessen-Leckerli bestanden hast? Bei Herrchen. Frauchen ignorierte das ja komplett. Aber Herrchen versorgte uns brav mit einem leckeren Nachtisch. Trockenem Brot oder so. Mir persönlich war das früher nicht so wichtig wie dir. Ich teilte auch nie deine Sorge, im nächsten Moment verhungern zu können.

Aber nachdem du uns verlassen hast, führe ich dieses Ritual konsequent in deinem Sinne weiter. Und du kannst mir glauben: Ich bin sehr zuverlässig im Einfordern von Snacks. Herrchen funktioniert da noch immer hervorragend und holt mir getrocknetes Brot oder ein Schweinsohr, nachdem die Menschen ihr Abendessen hatten.

Mach dir keine Sorgen, Tante Ivy, ich habe hier alles gut im Griff. Und ich habe mir bereits etwas Neues ausgedacht: Nach dem Abendsnack möchte ich gerne in den Garten.
Einfach so.
Um frische Luft zu schnappen.

Nachdem Herrchen sich auf die Couch gesetzt hat, frage ich ihn,ob er mir die Terrassentür öffnen könnte. Dazu stelle ich mich vor ihn hin, und schaue ihn an. So lange, bis er aufsteht und mir die Tür aufmacht. Manchmal ist er etwas genervt, aber das macht mir nichts aus.

Und so habe ich ein neues Ritual erfunden: Das Nach-dem-Abendleckerli-in-den-Garten-müssen.

Frauchen findet es witzig und du, Tante Ivy, du wärst sicher stolz auf mich. Ich habe dich lieb!

Deine Paige 🐾

Spielberg, 11.Dezember 2019

Liebe Tante Ivy,

Herzlichen Glückwunsch ins Regenbogenland!
Heute wäre dein 13.Geburtstag gewesen und ich hätte dich so gerne wegen deines hohen Alters aufgezogen! Nun geht das nicht mehr, und Tante Ivy, du fehlst uns sehr.

Bald ist Weihnachten und Frauchen hat wieder jede Menge unnütze Deko im Haus verteilt. Sie hat auch Bilder mit Nikolausmütze mit mir gemacht, du weißt schon, diese Spaßbilder, so wie jedes Jahr.
Aber alleine fotografiert zu werden, war komplett komisch und hat auch nur halb soviel Spaß gemacht. Frauchen hatte schließlich ein Einsehen und so musste Häschen Pauline mit auf die Weihnachtsbilder.

Tante Ivy, du hast Weihnachten geliebt und dich schon lange vorher auf Geschenke und besondere Leckerli gefreut! Ich bin da nicht ganz so euphorisch wie du, aber den Adventskalender, den Frauchen mir mitgebracht hat, mag ich trotzdem. Jeden Tag macht mir das kleine Frauchen ein Türchen auf und ich bekomme ein tolles Leckerli!

Liebe Tante Ivy, genieße deinen Geburtstag im Regenbogenland und rock den Himmel! Wir denken an dich und haben dich lieb!

Deine Paige 🐾

#Pauline und ich
#Vorweihnachtszeit

Spielberg, 24.Dezember 2019

Liebe Tante Ivy,

ich habe dir versprochen, hier in deinem Sinne weiterzumachen. Im Großen und Ganzen gelingt mir das auch. Aber Weihnachten ... Das ist schon sehr speziell und echt nicht mein Ding.

Frauchen hat überall komisches Zeug ins Haus gestellt. Weihnachtsdeko, sagt sie. Und nicht nur ins Haus, auch drumherum. Nachts leuchten draußen Lichter. Aber nicht nur bei uns. Auch bei den Nachbarn. Ich verstehe das nicht. Wir gehen vor dem Schlafengehen noch einmal kurz raus auf die nächste Wiese zum Pinkeln. Also Herrchen und ich. Alle anderen im Ort schlafen da schon. Für wen bitte machen alle so eine riesige Beleuchtung? Für uns? Zum Pinkeln? Danke dafür!

Und dann steht auch wieder der Baum im Wohnzimmer. Ja, Tante Ivy, du hast mir erklärt, dass das bei den Menschen ein Ritual ist, dass sie einmal im Jahr an Weihnachten abhalten. Als du noch hier warst, habe ich das nur nie so richtig ernst genommen.

Baum, Deko, Geschenke. Ich habe gemacht, was du gemacht hast. Das geht nun nicht mehr. Du hast es geliebt, Geschenke auszupacken! Ich glaube nur deswegen hat Frauchen alles für uns Hunde überhaupt eingepackt. Weil du dich darüber so sehr gefreut hast und genüsslich das Papier zu kleinen Schnipseln verarbeitet hast. Dann erst hast du dich über dein Geschenk gefreut!

#frohe Weihnachten!

Ich weiß nicht, wie ich mich verhalten soll. Ich weiß ehrlich gesagt auch nicht, wie ich so ein Geschenk auspacken soll. Mir ist das irgendwie peinlich und so musste Frauchen mir helfen. Ich habe zwei neue Plüschhunde bekommen. Ich liebe Plüschtiere, aber dieses ganze Weihnachtsgetue macht mich unsicher, so dass ich mich erst gar nicht getraut habe, sie anzurühren. Mittlerweile trage ich aber Mopsi, wie der eine Plüschhund heißt, gerne durch die Gegend. Der zweite sieht übrigens genauso aus wie unser Freund Falco. Ich glaube, ich nenne den auch so.

Liebe Tante Ivy, heute vermissen wir dich sehr.
Frohe Weihnachten ins Regenbogenland!

Deine Paige 🐾

Spielberg, 31.Dezember 2019

Liebe Tante Ivy,

heute ist Silvester. Das haben wir beide nie gemocht und ich weiß, dass du Angst vor den lauten Geräuschen hattest und dich am liebsten bei Frauchen im Bett versteckt hast. Oder unten im Büro unterm Schreibtisch. Letztes Silvester saßen wir beide zusammengekuschelt mit Frauchen auf der Couch, bis das Schlimmste vorbei war. Das war eigentlich irgendwie sehr schön. Wir wußten nicht, dass es unser letztes gemeinsames Silvester war.

Dieses Silvester hatte ich große Angst. Unsere Nachbarn haben schon so früh am Abend für ihre Kinder Silvester gefeiert, dass wir noch nicht einmal die Rollläden unten hatten. Ich hab mich so erschreckt! Später hat das kleine Frauchen mit mir Entspannungsvideos für Hunde auf You Tube geguckt. Das war sehr lieb von ihr!

Liebe Tante Ivy, ich hoffe, dort wo du jetzt bist, gibt es kein Feuerwerk und auch keine Angst mehr.
Ich habe dich lieb.

Deine Paige 🐾

Spielberg, Januar 2020

Liebe Tante Ivy,

ein neues Jahr hat begonnen. Ohne dich. Aber mit dir im Herzen. Wir sind alle noch nicht über deinen Tod hinweg. Frauchen weint manchmal beim Gassi, wenn Erinnerungen plötzlich da sind und ihr Recht fordern. Ich verstehe das gut.

Liebe Tante Ivy, mir fällt es schwer, als Einzelhund zu leben. Wenn meine Menschen nicht da sind, weiß ich nicht, was ich alleine anfangen soll. Manchmal, wenn ich müde bin, lege ich mich auf die Couch und mache ein Schläfchen. Das habe ich auch schon gemacht, als du noch da warst. Du konntest dich so sehr aufregen, wenn ich auf der Coach lag. Weil Hunde nicht auf die Coach dürfen. Das hast du immer respektiert und mit mir geschimpft.

Auch wenn ich dich lieb habe, Tante Ivy, auf die Coach lege ich mich immer noch, wenn die Menschen nicht da sind. Es beruhigt mich irgendwie. Oft trage ich auch Dinge herum, wenn niemand zuhause ist. Ich sammle meine Plüschtiere, die im ganzen Haus verteilt sind, und trage sie ins Wohnzimmer. Neuerdings trage ich auch Frauchens Socken umher. Auch das beruhigt mich. Und wenn das nicht mehr hilft, dann heule ich so laut ich kann.

Tante Ivy, ich wünschte, du wärst noch hier bei mir.

Deine Paige 🐾

Spielberg, Januar 2020

Liebe Tante Ivy,

Frauchen hat heute unseren Sommerurlaub gebucht. Wir fahren wieder nach Fanø. Ich freue mich so sehr, obwohl ich genau weiß, dass Urlaub ohne dich irgendwie doof sein wird. Eines habe ich nicht verstanden. Frauchen hat ein tolles Haus nicht gebucht, weil nur ein einziger Hund erlaubt war. Nun hat sie ein Haus gebucht, in dem zwei Hunde erlaubt sind. Warum tut sie das? Sie sagt, einfach sicherheitshalber. Falls doch vorher ein zweiter Hund kommt. Aber das liegt alles in der Zukunft.

Liebe Tante Ivy, ich werde dich niemals vergessen.

Deine Paige 🐾

Spielberg, Februar 2020

Liebe Tante Ivy,

Frauchen schaut mich manchmal sehr nachdenklich an. Sie überlegt, ob sie mir irgendein Nahrungsergänzungszeug für gesunde Knochen bei älteren Hunden oder so geben soll. Ich kenne mich da nicht so gut aus. Ich fühle mich super!

Frauchen sagt, ich benehme mich wie ein Junghund und ich sehe auch so aus. Allerdings meinen meine Menschen zu erkennen, dass ich neben meinen hellen Haaren noch hellere Haare bekomme. Wegen des Alters. So ein Blödsinn! Frauchen denkt manchmal auch, dass ich nicht mehr so gut höre und sehe wie früher. Ich meine, das bildet sie sich komplett ein. Ich höre und sehe großartig! Aber ich bin acht. Und damit offiziell ein älterer Hund! Stell dir vor, Tante Ivy, neulich stand auf meiner Barf-Futterpackung „Senior spezial". Das hattest du doch immer! Während ich „Power plus" für den aktiven Hund bekam. Was bitte soll das bedeuten?

Liebe Tante Ivy, seit du nicht mehr da bist, bin ich plötzlich der alte Hund im Haus! Wenn du das wüsstest, du würdest dich kringeln vor Lachen. Das weiß ich. Ich vermisse dich und deinen Humor.

Deine Paige 🐾

#love
#schmetterlinge
#butterflies

Spielberg, Mitte März 2020

Liebe Tante Ivy,

ich weiß gar nicht, ob ich dir das erzählen soll. Nicht, dass du dir Sorgen machst. Die Welt ist nicht mehr so, wie sie war als du noch gelebt hast. Die Menschen, und zwar alle Menschen, also auch unsere, werden durch ein Virus bedroht. Es heißt Covid19, aber alle sagen Corona dazu. Es ist richtig böse. Menschen stecken sich an und werden krank, überall auf der Welt. Viele sterben auch. Vor allem ältere und kranke Menschen. Aber nicht nur die. Im Grunde kann es jeden treffen. Es gibt kein Heilmittel. Damit sich nicht jeder ansteckt, dürfen unsere Menschen keine anderen Menschen mehr treffen und nur noch raus gehen, wenn es wirklich wichtig ist. Zum Einkaufen, zur Arbeit, zum Arzt, Gassi ist erlaubt. Spazierengehen auch. Aber nur alleine oder mit der Familie. Das gleiche gilt für Sport. Laufen, Radfahren oder so. Menschen müssen gerade mindestens 1,5m Abstand voneinander halten. Eine gute Leinenlänge also. Krass, oder? Manche tragen auch Maulkorb. Weil sie es beruflich müssen, oder weil sie es sicherer finden. Frauchen sagt, das heißt nicht Maulkorb, sondern Mund-Nase-Schutz oder Mund-Nase-Bedeckung. Es soll verhindert werden, dass sich Menschen gegenseitig anstecken, zum Beispiel wenn sie husten oder niesen. Nicht dass mich das beruhigt, aber ich hatte schon große Sorge, dass alle Menschen plötzlich bissig geworden sind durch dieses Corona.

Es ist so schlimm. Die Schulen haben geschlossen. Kleines Frauchen lernt zuhause, darf aber auch in der Freizeit keine Freunde treffen. Darunter leidet sie sehr. Herrchen hat Home-Office und arbeitet im Arbeitszimmer im Keller.

Es sind nur wenige, nötige Geschäfte auf, damit man Lebensmittel kaufen kann. Frauchen ist etwas orientierungslos gerade. Sie sagt, Einkaufen ist anstrengend, wenn man versuchen muss, anderen Menschen auszuweichen. Und sie erzählt, dass es nirgendwo mehr Klopapier zu kaufen gibt. Auch kein Mehl und keine Nudeln. Hundefutter scheint es aber genug zu geben.

Frauchen hat Angst, dass sich Opa ansteckt. Der gehört mit seinen 87 Jahren eindeutig zur Risikogruppe für dieses Coronadingens. Frauchen und Herrchen sind auch nicht die Jüngsten, meine zumindest ich. Ich bin etwas in Sorge um sie.

Aber ich passe gerade ganz besonders gut auf Frauchen auf und weiche ihr nicht von der Seite. Sie sagt dann immer, „mein Stalker" zu mir. Ich weiß nicht, was das heißt. Ist mir auch egal. Ich bin so nahe an Frauchen dran, da hat Corona überhaupt keine Chance. Du hättest es nicht anders gemacht, oder?

Liebe Tante Ivy, unser Leben ist völlig außer Kontrolle geraten. Wie beruhigend wäre es jetzt, dich an meiner Seite zu wissen.
Aber vielleicht passt du von irgendwo da oben auf uns auf? Ich bin ganz sicher, dass du es tust.

Deine Paige

@paige_izykowski_

ERINNERUNGEN
05.03.2019

Spielberg, April 2020

Liebe Tante Ivy,

es ist Ostern und noch immer herrscht Corona. Alle bleiben Zuhause. Bei uns ist das momentan für das Kleine Frauchen am Schlimmsten. Sie ist jedes Jahr mit ihrem Musikverein auf einer Osterfreizeit zum gemeinsamen Üben und Spaß haben. Das fällt natürlich jetzt aus und Kleines Frauchen verbringt die Osterferien damit, sich von ihrem Bett zum Kühlschrank, zur Spielekonsole und zurück zu bewegen.

Herrchen hat Urlaub. Statt unten im Büro zu sitzen, bastelt er im Garten. Wir haben einen neuen Zaun im Gemüsegarten, eine Pergola für die kleine Terrasse vor Frauchens Arbeitszimmer. Das Dach im Carport ist repariert, auch die seit Jahren kaputten Terrassenbretter. Aktuell baut Herrchen ein Hochbeet.

Überall auf der Welt fordert das Virus seine Opfer. Unsere Menschen reden oft darüber. Sonst könnte ich dir das gar nicht erzählen. Ich habe Angst um Frauchen und Herrchen. Was soll ich machen, wenn sie krank werden und sich nicht mehr um mich kümmern können?

Und Frauchen? Die macht sich Sorgen um mich! Ich war läufig, das habe ich dir gar nicht erzählt, weil ich es einfach nur doof fand. Und nun bin ich wohl scheinträchtig. Wir waren sogar beim Tierarzt deswegen. Jetzt bekomme ich ein Medikament und Frauchen hat alle meine Plüschies versteckt, damit ich nicht denke, das wären meine Babies!

Liebe Tante Ivy, es sind schwierige Zeiten gerade, aber ich merke, dass unsere Menschen das Beste draus machen und nicht aufgeben.

Deine Paige 🐾

#Osterbilder mit Pauline
Ich muss Ohren aufsetzen,
sie nicht. Warum ist das so?

Spielberg, 27.April 2020

Liebe Tante Ivy,

Heute muss ich zum Tierarzt. Ich soll geimpft werden, und Frauchen möchte, dass schon wieder ein Bluttest gemacht wird. Zur Sicherheit. Weil man vielleicht bei dir früher erkannt hätte, dass etwas nicht stimmt, wenn man dein Blut rechtzeitig untersucht hätte. Und da sind sie wieder, Frauchens Selbstvorwürfe. Sie sagt, bei Kira hat sie im Alter einmal im Jahr Blut untersuchen lassen. Aber du, du warst nach deiner großen Operation, Entfernung einer Milchleiste wegen Tumor und Kastration, die du mit zehn Jahren erfolgreich gemeistert hast, für Frauchen irgendwie unzerstörbar. Du warst für sie so wichtig und so selbstverständlich an ihrer Seite. Dass du plötzlich so krank sein konntest, hatte Frauchen niemals gedacht. Damit das nicht nochmal passiert, muss nun ich halbjährlich zum Check-Up zum Tierarzt! Inklusive Blutabnahme.

Wie erkläre ich Frauchen, dass manche Dinge einfach geschehen, niemand sie ändern kann und auch niemand Schuld daran ist? Und ich deswegen nicht so oft zum Tierarzt zum Blut abnehmen muss?

Liebe Tante Ivy, auch wenn ich dich lieb habe und dich vermisse, das ist doch wirklich nicht nötig, oder?

Deine Paige 🐾

Spielberg, 2.Mai 2020

Liebe Tante Ivy,

heute vor einem Jahr bist du gestorben. Frauchen hat den Anruf der Tierklinik noch immer auf ihrem Handy gespeichert. Ein Jahr ohne dich. Es war ein Jahr mit Höhen und Tiefen. Frauchen war oft traurig. Sie versucht, ohne dich klar zu kommen. Wir alle versuchen das. Frauchen ist so ein positiver „alles geht weiter" Mensch. Sie möchte in allem das Gute sehen. In deinem Leben mit uns gab es viel Gutes. Und das überwiegt deinen zu schnellen Tod. Du hinterlässt große Pfotenabdrücke. Du, Oma und Karin, Klein Frauchens Patentante, alle die im letzten Jahr gestorben sind, würden aber wollen, dass wir mit Zuversicht weiter leben und fröhlich sind. Sagt Frauchen. Die davon überzeugt ist, aber noch immer oft weint. Wegen diesem Corona ist es zusätzlich schwierig, guter Dinge zu sein, finde ich.

Ich hoffe, dass wir später im Jahr doch noch nach Fanø reisen dürfen. Das Hundebaby, das ich mir wünsche, kommt wegen Corona voraussichtlich erst im nächsten Jahr zu uns. Aber da habe ich zumindest etwas, auf das ich mich jetzt schon freuen kann. Vielleicht wird doch alles gut. Oder zumindest wieder besser. Wir geben nicht auf.

Liebe Tante Ivy, wir wissen, dass das Leben nicht immer fair ist. Mit dir an meiner Seite würde ich mich sicherer fühlen. Aber ich schaffe das. Mach dir keine Sorgen.

Deine Paige

#habedichfürimmerlieb
#unvergessen
#lieblingshund

Incredible Ivory of Mallard Alley
11.12.2006 - 2.5.2019

#forever
#love
#ivyundpaige